Mis DE LA MAZELIÈRE

LE BUSHIDO

Conférence faite à la Société Franco-Japonaise

le 1er Avril 1905.

PARIS

IMPRIMERIE DE LA COUR D'APPEL

L. MARETHEUX, Directeur

1, RUE CASSETTE, 1

1905

Mis DE LA MAZELIÈRE

LE BUSHIDO

Conférence faite à la Société Franco-Japonaise

le 1er Avril 1905.

PARIS

IMPRIMERIE DE LA COUR D'APPEL

L. MARETHEUX, Directeur

1, RUE CASSETTE, 1

1905

LE BUSHIDO

Depuis quelque temps, aucun problème n'a plus intrigué, je dirai même préoccupé, les psychologues européens que l'état d'âme des Japonais modernes. Dans quelle mesure, se demande-t-on, les Japonais ont-il adopté les idées morales et sociales de l'Europe? Dans quelle mesure ont-ils conservé leurs propres idées? Et quelles sont ces idées? La majorité du peuple croit-elle encore au bouddhisme? Si elle y croit, pourquoi l'enseignement religieux est-il défendu dans les écoles? Qu'est au juste le Shinto? Devons-nous l'appeler une religion et une religion d'Etat? Les gens instruits attribuent-ils à ses dogmes un sens précis ou simplement un sens symbolique? Le confucianisme exerce-t-il encore un grand empire sur l'esprit et les sentiments des Japonais? Comment peuvent-ils le concilier avec la philosophie européenne? Qu'est le culte des ancêtres? Autant de questions qui n'ont pas encore reçu de réponse satisfaisante. Deux surtout intéressent les Européens. Quel fut donc ce lien moral si puissant qui empêcha la société de se désagréger dans la grande révolution politique, sociale et intellectuelle où le vieux Japon s'est transformé en Japon moderne? Quelle inspiration donne aux Japonais ce courage, ce mépris de la mort qui leur a valu de si beaux succès militaires? A ces deux dernières questions les Japonais répondent en disant : Ce lien moral, cette inspiration nous les devons au Bushido, l'ensemble des principes chevaleresques qui faisaient autrefois la force de la caste militaire et qui font aujourd'hui la force du pays tout entier. Quelques-uns vont plus loin encore et le professeur Nitobe appelle le Bushido la véritable religion du Japon moderne.

I

Qu'est-ce donc que le Bushido?

Bushido vient de *do*, voie, et de *bushi*, noble militaire, et signifie : la voie des bushi, des samurai; avec le professeur Nitobe, l'on peut aussi y trouver *shido* suprême vertu, *bu*, militaire, et l'appeler la suprême vertu militaire. Quoi qu'il en soit, le sens du mot est clair. Le Bushido est — ou plutôt était dans le principe — la morale particulière de la classe des bushi, des samurai.

Et de suite, pour faire comprendre ce qu'on doit entendre par morale de la classe militaire, je citerai les instructions de Mitsukuni, deuxième prince de Mito (1628-1700).

De toute antiquité, dit-il, le peuple a été divisé en quatre classes : *shi*, *no*, *ko* et *sho*. Chaque classe a sa sphère. Les gens du *no* se consacrent à l'agriculture, ceux du *ko* à l'industrie, ceux du *sho* au commerce. Quelle est donc la tâche du *shi*, des samurai? Garder intact le sentiment du juste (*giri*). Les gens des autres classes s'occupent des choses visibles, les samurai de choses invisibles, insubstantielles. Les objets de ces deux catégories diffèrent tellement que beaucoup pourraient regarder le *shi* comme inutile. Non; car s'il n'y avait pas de samurai, le *giri*, le juste disparaîtrait de la société humaine, le sens de la honte se perdrait, le mal prévaudrait et l'injustice. On ne trouverait dès lors que par exception un sujet fidèle, un fils pieux, un ami sincère, tandis que l'escroquerie et le vol seraient quotidiens. En peu de temps le pays tout entier tomberait dans la confusion, s'il n'en était sauvé à temps par les samurai. Voilà la principale raison qui les a fait mettre au-dessus du peuple, la raison du respect que le peuple se plaît à leur témoigner encore qu'ils ne semblent avoir aucune tâche matérielle[1].

∴

En quelques grands traits, je montrerai ce qu'était cette classe des samurai et comment elle se crut appelée à gouverner l'Etat, à maintenir les traditions d'honneur et de justice.

Quand, au VIe et au VIIe siècles de l'ère moderne, le mikado, ou plutôt le sumera mikoto du Yamato, devenu le souverain, le tenno de tout l'archipel, adopta la civilisation de la Chine et fonda un gouvernement centralisé, il établit la division chinoise des fonctionnaires en deux classes : fonctionnaires civils et fonctionnaires militaires. A cette époque, les fonctionnaires civils étaient exclusivement chargés de gouverner le pays. Les fonctionnaires militaires devaient refouler les Ainos dans le nord de Hondo, puis dans Yezo et réprimer les révoltes qui se produisaient à Kiushu et dans le Sud-Ouest. Les Kuge, les fonctionnaires civils appartenaient aux familles du Yamato; les unes étaient issues des compagnons de Jimmu Tenno et avaient probablement une origine malaise, les autres descendaient d'immigrés chinois ou co-

1. Tout l'ouvrage de Mitsukuni a été traduit par E. Clément dans *Transactions of the Asiatic Society of Japan*, XXVI.

réens. Au contraire, les Buke, les fonctionnaires militaires, se recrutèrent surtout parmi les anciens chefs des clans provinciaux et beaucoup tout au moins de ces chefs faisaient remonter leur origine aux envahisseurs ouralo-altaïques venus par la Corée. La différence des types s'accusa encore par la différence des fonctions et des mœurs; pendant cinq siècles, les Kuge vécurent dans l'atmosphère énervante de Kioto, les Buke dans les camps ou les colonies militaires; ainsi les deux classes formèrent avec le temps comme deux peuples différents. De plus, dans le Kanto nouvellement conquis, dans les anciennes provinces abandonnées à l'anarchie, les nobles militaires devinrent des seigneurs féodaux. Au XIIe siècle, quand la maison de Minamoto, issue de la famille impériale, mais devenue militaire par ses possessions et ses alliances, déposséda les Kuge du pouvoir et fonda le shogunat, le gouvernement du pays passa aux Buke et cela d'une double manière : d'une part, ils étaient seigneurs féodaux et souverains dans leurs fiefs; d'autre part, ils étaient samurai, bushi, membres de la caste militaire qui prétendait à la direction du gouvernement centralisé.

Entre le XIIIe et le XVIIe siècle, l'histoire du Japon, comme celle de tous les pays où s'établit la féodalité, nous présente la lutte du pouvoir central contre les nobles féodaux. Mais il faut remarquer que les fonctionnaires du pouvoir central et les seigneurs féodaux appartenaient également à la classe militaire. Ce qui explique leurs luttes, c'est que le Bakufu choisissait généralement ses fonctionnaires ou parmi les parents du shogun ou parmi des samurai peu fortunés : les uns et les autres occupaient dans la hiérarchie gouvernementale un rang très supérieur à celui qu'ils avaient dans la hiérarchie féodale.

Trois fois le Bakufu triompha sous les Minamoto directs et leurs shukken Hojo (1192-1333), sous les Minamoto Ashikaga (1335-1573) et sous les Minamoto Tokugawa (1603-1868). Cette fois, le triomphe était définitif car c'est à tort que l'on parle du Japon des Tokugawa comme d'un Japon féodal; ce qu'ils prétendirent fonder c'était bel et bien la monarchie absolue. Ils y réussirent pleinement dans le Kanto propre, s'entend dans les huit provinces voisines de Yedo (aujourd'hui Tokio). Dans le reste de l'Archipel il ne resta guère que deux cents seigneurs féodaux et ces seigneurs occupaient vis-à-vis des Tokugawa une position analogue à celle qu'ont les rajas de l'Inde vis-à-vis de l'empire britanique. Tant que les Tokugawa furent puissants, tous les daimio leur obéirent; quand ils succombèrent, le Japon ne revint pas à la féodalité mais constitua un empire centralisé sous son maître légitime, le mikado. Et cela parce que les véritables chefs de la révolution furent non pas des daimio, mais les samurai formés aux affaires dans le gouvernement des provinces shogunales ou dans celui de leurs clans.

C'est au XVIIe siècle, à l'époque où dans la caste militaire les idées et les mœurs gouvernementales l'emportèrent sur les idées et les mœurs féodales, que se développa la véritable doctrine du Bushido.

Deux éléments l'ont formé : d'une part la morale chevaleresque du moyen âge, d'autre part la philosophie chinoise en grande vogue au XVIIe et au XVIIIe siècles. J'exposerai d'abord brièvement ce qu'étaient l'une et l'autre.

II

La morale chevaleresque imposait comme premier devoir le *setsugi*, la fidélité, le dévouement au daimio qui était à la fois le suzerain féodal et le chef du clan, par suite le représentant de l'aïeul, tous les membres du clan étant censés avoir une même origine.

Ce dévouement participait et de la soumission passive du soldat à son officier, de l'officier à son général, et de cette piété filiale enthousiaste qui a donné à la Chine et au Japon tous leurs saints, tous leurs martyrs : non seulement les samurai devaient leurs biens et leur vie à leur daimio mais, si celui-ci l'exigeait, ils lui devaient leur fille et leur femme, dans ce cas le maître ne trouvait d'ordinaire qu'un cadavre. Un noble se croyait-il obligé en conscience de faire des remontrances à son prince, il se justifiait de cette audace en se suicidant. Sur la tombe du chef la plupart de ses kerai se tuaient pour l'accompagner dans l'autre vie ; l'on appelait cette immolation *junshi* ou *otomobara*. *Junshi* désigne tout sacrifice qu'un inférieur fait de sa vie pour son supérieur ; *otomobara* est le terme propre pour désigner le suicide des vassaux sur la tombe de leur maître.

Dans les familles nobles la constitution patriarcale d'autrefois se trouvait ainsi modifiée; le père n'était plus le maître tout-puissant de ses enfants mais seulement un ministre qui leur transmettait les volontés du véritable père, le prince féodal, le *daimio*. Par contre, l'autorité du père prenait un caractère tout militaire.

Parmi les obligations particulières de la piété filiale, il faut citer la vengeance (*kataki-uchi*).

Le père était-il assassiné ou injurié, ses fils, ses petits-fils étaient tenus de le venger; le daimio avait-il succombé dans une bataille, avait-il reçu une insulte, les membres du clan devaient laver l'injure dans le sang; la tâche était-elle impossible, il n'importait! tous les samurai du clan pouvaient périr jusqu'au dernier. L'ennemi le savait et n'épargnait jamais un membre mâle d'une famille hostile, fût-ce un enfant; des clans puissants disparurent en quelques années sans qu'il en survécut un seul représentant. C'est au XIIe et au XIIIe siècles que se placent plusieurs des célèbres vendettas. En 1186 les Soga, les fils de Kawatsu Saburo, tuent son ennemi Kudo Suketsune dans une partie de chasse; en 1202, les fils de Hayase poursuivent pendant six ans Toma Saburoyemon, le meurtrier de leur père; ils sont déguisés en mendiants et cachent leur sabre dans une gaine de bambou : l'un des frères meurt à la peine, un vieux samurai du nom de Koyemon prend sa place pour aider l'autre frère à remplir un devoir de piété filiale.

Si le *setsugi* formait le premier devoir du samurai l'honneur (*meiyo*) formait le second. Un bushi était tenu de se signaler par sa bravoure. Le peuple lui-même qui comprenait la peur chez les gens du commun ne souffrait pas qu'un samurai fut lâche. On cite l'exemple d'un soldat qui prit la fuite dans une bataille et se réfugia dans un couvent de religieuses. Quand elles connaissent sa couardise, les pauvres filles elles-mêmes ne peuvent, malgré leurs efforts, lui cacher leur mépris. Il quitte le couvent pour aller vivre dans la montagne.

Le samurai excellait dans les exercices utiles au soldat, il endurait sans murmure les souffrances physiques les plus pénibles; courtois envers tous, il se plaisait, même pauvre, à pratiquer la plus large hospitalité; défense était faite à tout samurai, fut-il simple soldat, de prendre un métier ou de faire du commerce. Parole de bushi était parole sacrée; un proverbe dit : *bushi ni nigon nashi*, un chevalier n'a pas deux paroles. Vers 1030 Yorinobu, gouverneur du Kosuke, confie quelques prisonniers à la garde de Chikataka, l'un de ses kerai. L'un d'eux réussit à se saisir du jeune fils de Chikataka : « Rends-moi la liberté, dit-il au père, ou j'égorge ton enfant. » Le kerai envoie un exprès à Yorinobu qui accourt et, pour sauver l'enfant, promet la liberté au prisonnier. L'enfant est délivré. Aussitôt Chikataka de se jeter sur son ennemi. Yorinobu l'arrête : « Un samurai n'a qu'une parole. Que cet homme s'en aille sans être molesté! »

De même un vrai chevalier japonais n'attaquait pas son ennemi par derrière; sans doute il pouvait l'attirer dans un piège, mais seulement pour le forcer à combattre. Le combat lui-même était loyal.

Une anecdote peint bien le samurai du XIe siècle, héroïque et féroce, indifférent à la souffrance corporelle, jalousement susceptible dès qu'il croit son honneur menacé. En chargeant à cheval, Gongoro a l'œil droit traversé par une flèche; il combat jusqu'au soir, le trait piqué dans l'orbite; la bataille gagnée, il prie un camarade de le lui enlever; pour y réussir celui-ci appuie son genou sur le visage de Gongoro couché. Furieux de cet affront, le blessé se débat, bondit, dégaine et veut tuer son maladroit chirurgien.

Toute offense exigeant une prompte vengeance, si l'insulteur était supérieur à l'insulté par son rang ou ses qualités de soldat, celui-ci devait se donner la mort. Les vieux Yamato et les Japonais de l'âge de Heian se suicidaient en s'enfonçant leur épée dans la gorge; au XIIe siècle ils commencèrent de le faire en se coupant les entrailles avec leur poignard. Vers le début du xve siècle les nobles condamnés à mort obtinrent le privilège de n'être pas touchés par le bourreau; ils s'ouvraient le ventre, et leur meilleur ami leur tranchait la tête d'un coup de sabre. Ce supplice volontaire est appelé en japonais *harakiri* ou plus habituellement en sino-japonais *seppuku*.

Mais le Bushido d'alors n'était pas seulement une morale chevaleresque, c'était encore et surtout une religion au sens le plus étroit du terme. Dans la confusion qui avait suivi l'introduction de la civilisation continentale, tandis que la cour montrait une grande ferveur pour le bouddhisme et que le peuple se détachait difficilement de ses anciennes croyances, les buke, les nobles provinciaux, les descendants des envahisseurs ouraliens avaient fondé un culte nouveau, celui de Hachiman, le dieu de la guerre. Pour les shintoïstes, Hachiman est la déification de l'empereur Ojin, le fils de la grande impératrice Jingo Kogo; pour les bouddhistes c'est un bosatsu. Et sans doute l'histoire des religions ne présente rien de plus curieux que cette appellation de bouddha pitoyable, de bouddha rédempteur donnée au dieu impitoyable et destructeur. Mais l'on doit probablement considérer Hachiman comme quelque divinité féroce des pirates ouraliens identifiée par la suite avec l'empereur Ojin.

Dans le principe, Hachiman n'avait pas d'autres sanctuaires que les camps, pas d'autres images que les étendards, mais le sang répandu dans les batailles ne lui suffisait pas, il lui fallait des sacrifices humains (*chimatsuri*); plus tard on lui éleva des temples; vers la fin du xiie siècle il semblerait que les offrandes sanglantes aient cessé, mais les nobles continuaient de déposer devant les étendards les têtes des ennemis vaincus.

Le pontife du culte de Hachiman était le chef du clan Minamoto; cette maison descendait bien à la vérité d'Ojin Tenno puisqu'elle tirait son origine de la maison impériale mais, à considérer seulement la naissance, l'empereur et la plupart des Kuge auraient eu des droits supérieurs à représenter Hachiman; ce fut sans doute le courage des Minamoto et leur piété envers Hachiman qui leur valut d'être tenus pour ses grands prêtres : sur leur étendard était dessinée la colombe qui leur transmettait les messages du dieu; tous les chefs, tous les héros de ce clan accomplissaient des miracles.

Ce n'est pas sur cette vision sanglante que je veux terminer l'histoire du moyen âge. Je dirai quelques mots de son plus célèbre paladin Hojo Tokimune shukken de 1261 à 1284, celui que les Japonais ont appelé « le grand bushi de Kamakura ». Mort à trente ans, il nous apparaît en effet comme un preux de la légende : grand, mince, élancé, avec un beau visage ovale, un front noble, des yeux qui jetaient des flammes; il excellait dans tous les exercices du corps : nul comme lui ne dressait un cheval fougueux et, le lançant dans un galop fou, ne perçait de sa flèche l'eboshi fixé sur un mât; à la chasse, à la guerre son courage ne connaissait pas le danger. C'était un grand seigneur poli, aimable, rendant à chacun ce qui lui revenait; c'était un lettré, un philosophe qu'enfant, ses maîtres avaient tenu sur les livres, un poète, un artiste. Nulle des qualités ne lui manquait qui font les grands souverains : juste, sévère même, il avait pour les pauvres et les malheureux la grande pitié de son père Tokiyori. Mais ce qui lui a valu son rang à part dans cette admirable chevalerie japonaise c'est d'avoir sauvé le Japon de l'invasion mongole; c'est d'avoir montré que, même à l'époque des luttes féodales, le plus cher, le plus sublime devoir du bushi était l'amour sans bornes de la patrie.

III

Etudions maintenant la philosophie chinoise.

Nous y trouvons d'abord le confucianisme proprement dit, le *judo*, connu au Japon depuis le VIIe siècle.

Comme l'auteur de toutes choses, Koshi (c'est le nom japonais de Confucius) reconnaît le Ciel impersonnel; le Ciel uni à la Terre a formé l'homme : c'est la Triade, la grande famille du monde. L'empereur représente le Ciel devant le peuple, et le père le représente devant ses enfants. Ainsi le régime patriarcal apparaît sous une triple forme : la nature, l'État, la famille.

La morale du *judo* est toute patriarcale.

« Du vivant de ses parents un fils ne doit jamais s'éloigner de leur demeure. Le fait-il, que l'on sache l'endroit où il se rend. » « La piété filiale, dit le maître, se réduit de nos jours à nourrir ses parents. Mais les chiens en feraient autant. Sans le respect comment distinguerai-je la piété de l'homme de celle de la bête? »

La mort ne brise pas les liens qui unissent le père et les enfants, l'empereur et les sujets : le culte des ancêtres est l'âme même de la religion en Chine et au Japon. Dans chaque maison s'élève l'autel des ancêtres; les Japonais disent l'autel des esprits (*mitama-no-miya*) ou (*mitama-san-no tana*); là sont placées les tablettes, les *ihai*, où sont gravés les noms des morts. Devant ces tablettes, le mari conduit sa jeune femme et présente ses enfants; c'est sous la protection des aïeux que s'accompliront tous les devoirs joyeux ou tristes de la vie de famille.

Pendant le moyen âge les lettrés japonais se contentèrent de répéter sous des formes diverses les enseignements de Confucius. Mais au XVIe siècle, en même temps que l'usage de l'imprimerie, connue depuis quelques centaines d'années, commençait véritablement de se répandre, les rapports des Japonais avec la Chine devinrent plus fréquents; au XVIIe siècle, chassés par l'invasion Mandchoue, un grand nombre de lettrés chinois se réfugièrent au Japon de sorte que, si l'on écrivait une histoire de la philosophie et de l'art chinois depuis la fin du XVIIe siècle, c'est surtout au Japon qu'il faudrait en suivre l'évolution.

Or, tout en conservant les œuvres de Confucius comme leur Bible, les grands philosophes Chinois des Tang, des Sung, et même des Ming en avaient complètement modifié l'esprit. Deux d'entre eux surtout exercèrent une grande influence sur les Japonais : Chu-Hi (en japonais Shushi (1130-1200) et Wang Show Jen (en japonais Oyomei (1472-1528).

Je ne parlerai que brièvement de la philosophie chinoise.

Voici d'abord sa conception du monde. Il existe deux causes éternelles : la Vie (*Ki*), l'ordre (*Li*, en japonais *Ri*). Dans le monde, *Ri* est la loi suprême, qui règle le mouvement des planètes, le cours de tous les phénomènes; dans le cœur de l'homme, c'est la loi de la vertu. *Ki*, au contraire, apparait sous une double forme : actif, il s'appelle Yang ou principe masculin; passif, Yin ou principe féminin. De l'union du Yang et du Yin (les Japonais disent le *Yo* et l'*In*) naissent tous les êtres; mais parmi ces êtres, les uns sont parfaits, l'image vivante du *Ri*; les autres imparfaits ne peuvent se soumettre à ses lois, d'où l'origine du mal.

Et voilà d'autre part l'idéal moral que se proposent les grands lettrés chinois. Pour eux, l'homme de bien, le galant homme, celui qu'on peut considérer comme l'image vivante du *Ri* est un magistrat héréditaire. Il possède les qualités qui conviennent au magistrat : l'amour de la paix et de la justice, la science du droit et de la politique, le courage civil, l'habitude du commandement. Il possède aussi ces qualités sans lesquelles une société polie ne saurait exister. Ses manières sont nobles et courtoises. Il parle bien, écrit mieux encore, il compose des vers, peint des oiseaux et des fleurs. Mais quelle que soit sa naissance il ne doit pas oublier que tous les hommes sont égaux, que seuls la vertu les distingue et la connaissance des Sages.

.˙.

Honneur chevaleresque et confucianisme aux tendances démocratiques s'unirent grâce au bouddhisme. Sans doute le Bushido n'admet pas la doctrine de Gautama ; dans la seconde moitié du XVIIe siècle, les samurai de la vieille roche, les combattants des grandes guerres pratiquaient encore leurs devoirs religieux mais avec une tendance d'esprit rationaliste, une rigueur de mœurs, qui rappelle les puritains et les jansénistes; leurs fils furent nettement hostiles au bouddhisme, leurs petits-fils à toute idée religieuse. Ce que le Bushido doit au bouddhisme c'est sa mentalité, son état d'âme. Nietzsche parle de cette tension continuelle de l'esprit et du caractère que le christianisme a produite chez les Européens, tension qui seule leur a permis de faire de grandes choses. De même c'est le bouddhisme qui a proposé aux Japonais un but idéal, lui qui leur a enseigné à mépriser les jouissances de la vie, lui qui a imprimé en eux non plus seulement l'idée du devoir comme l'avait fait Confucius mais le sentiment et même cette sensation aiguë du devoir que nous appelons la conscience. C'est la scholastique bouddhiste qui a discipliné la pensée chinoise et la pensée japonaise; qui les a formées aux généralisations, à la métaphysique, à l'abstraction, à la dialectique subtile. C'est l'éthique du bouddhisme, c'est son habitude de la méditation intense, son système d'éducation intellectuelle et morale, d'examen de conscience, son mysticisme, ce sont ses dogmes du ciel, de l'enfer, des Hotoke, du Nirvana ou *Nehan* qui ont donné aux bushi cette anxiété scrupuleuse que Nietzsche appellerait de la cruauté envers soi-même.

∴

Telles sont les origines du Bushido; il s'agit maintenant de l'étudier comme système propre, de voir les doctrines originales qui se sont dégagées du conflit, puis de la fusion de ces idées différentes, de ces sentiments qui sembleraient opposés.

IV

J'exposerai d'abord ce qu'il peut y avoir de théorique dans le Bushido. Son principe est le rationalisme. Au Japon comme en Europe l'établissement de la monarchie absolue et d'une société policée après les troubles du XVIe siècle produisit le besoin d'abstraire, de raisonner, le mépris du concret, la conviction que l'homme doit résister à ses instincts et à ses sentiments pour se décider sur les données de la raison qui semblent des données absolues et leur déduction logique qui semble l'ordre même de la nature.

« Si la raison vient du ciel, nous dit le philosophe Kiuso, c'est en nous seuls que nous la découvrons. Et cette aimable découverte dépasse toute expérience antérieure comme nous aimons cent fois plus un ami quand nous le reconnaissons pour notre frère ou notre père perdus. »

Plus loin, il ajoute : « Le sage reconnait la raison comme le buveur le goût du vin. »

Pour expliquer que la connaissance de la vérité nous soit ainsi naturelle, les philosophes japonais se fondent sur les doctrines de Mencius (en japonais Moshi).

Voici un passage célèbre de Mencius.

L'Interlocuteur : Je compare l'homme au saule, et la droiture à la coupe. Tirer la bienveillance et la droiture de l'homme, c'est faire une coupe avec du bois de saule.

Mencius : Vous faites violence à l'arbre en tirant une coupe de son bois. Faites vous violence à l'homme en tirant de lui la bienveillance et la droiture?

L'Interlocuteur : L'homme est pareil à l'eau. Comme elle coule indifféremment à l'est ou à l'ouest, ainsi nous le trouvons indifférent au bien ou au mal.

Mencius : L'eau coule-t-elle indifféremment en haut ou en bas? Pour la faire passer par-dessus la colline, il faut l'endiguer, la conduire, violenter sa nature. Ainsi l'homme ne devient méchant que malgré lui, sous l'action d'une force étrangère.

Cette double croyance en la véracité absolue de la raison et en la bonté naturelle de l'homme entraîna la négation de tout secours surnaturel et bientôt la haine de la religion.

Confucius avait dit :

Quand le ciel châtie il n'y a plus de place pour la prière.

Les philosophes japonais du XVIIIe siècle sont autrement violents.

Un prêtre, écrit Kiuso, fit ce serment : « Si ceux qui prient Amida ne vont pas au paradis, puissé-je moi-même tomber en enfer! » Les bouddhistes tiennent ce serment pour très fort, mais quoi de plus vain pour qui juge la chose d'après notre philosophie? S'il n'existe pas de ciel, il n'existe sûrement pas d'enfer... Un jeune homme qui avait juré de ne pas se tuer avec son maître, se présente cependant au temple pour mourir. Ses amis lui reprochent son parjure. Il s'excuse d'avoir voulu se délivrer de leurs importunités; puis ajoute : « Quant aux dieux, comment me puniraient-ils? Les dieux n'ont qu'un châtiment, la mort, et je viens ici pour me tuer ! [1] »

V

Mais le Bushido n'est pas un système théorique, c'est essentiellement une morale pratique.

Je diviserai l'étude de cette morale en deux parties :

1° Devoirs envers soi-même;

2° Devoirs envers les autres.

Le vrai devoir de la morale personnelle est la culture complète de soi-même ou *shugio*.

L'on doit d'abord cultiver son intelligence par la pratique de la *voie des sages*. Il existe en effet trois degrés dans la connaissance de la vérité : au premier se trouve le lettré (*kenjin*), au second l'homme supérieur (*kunshi*), au troisième le sage (*seijin*).

Puis l'on doit cultiver son caractère. L'homme ne doit compte de sa conduite qu'à lui-même. Qu'il ait la con-

1. Tout l'ouvrage de Kiuso a été traduit par G. Knox dans *T. A. S. J.* (XX, 1).

science du bien (*renchi-shin*), que ses fautes le rendent honteux devant le ciel (*ten-in-hajiru*) (il s'agit du ciel impersonnel de la philosophie confucianiste), honteux devant lui-même (*kokoroin-hajiru*) !

La principale vertu est une maîtrise de soi que nous appellerions stoïque ; le bushi ne dit pas comme le philosophe grec : « Douleur tu n'es qu'un mot » ; il dit : « Douleur tu existes, mais tu ne pourras me vaincre ».

Au XVIIIe siècle le samurai entraine systématiquement son corps au mépris de la souffrance. Les enfants doivent courir au gros soleil, marcher pieds nus dans la neige ; ils pratiquent le fameux *jujutsu*, s'exercent au maniement du sabre en hachant le corps des criminels, souvent ils le font la nuit dans les cimetières, pour défier les revenants. Quant à la mort les plus jeunes doivent s'habituer à la regarder en face.

Sugimoto, un ami du philosophe Kiuso, n'a qu'un fils du nom de Kujuro. Dans une dispute, cet enfant de quatorze ans tue son adversaire d'un coup de sabre. On lui donne l'ordre de faire harakiri. Ayant réuni ses amis dans un dernier repas, Kujuro boit avec eux jusqu'au milieu de la nuit ; il leur dit alors : « Excusez-moi de manquer aux devoirs de l'hospitalité, mais je dois prendre quelque repos. Sinon j'arriverais pour le harakiri les yeux pleins de sommeil, et cela serait messéant à l'extrême ».

En effet, le matin venu, l'enfant se lève, se baigne, s'habille avec le plus grand soin, fait lui-même tous les préparatifs, puis il se donne la mort avec tant de calme et de courage qu'un vieux soldat n'aurait pu faire mieux.

Kiuso termine ainsi son récit :

Au début, j'écrivis au père de l'enfant : Kujuro doit se tuer, mais il est si maître de lui que vous n'avez rien à regretter et que votre esprit peut demeurer en paix. En lisant ma lettre, Sugimoto fit cette observation : « Défiez un enfant de se mettre un moxa, il fera le vaillant. A peine brûlé, vous le verrez pleurer. Mon fils est si jeune, je ne puis me sentir tranquille tant que la chose ne sera pas faite et bravement faite ». Oui, le proverbe a raison : Tel père, tel fils [1].

Une pareille éducation donnait au samurai le contrôle complet de ses sensations physiques et portait à son apogée le système des Rites formulé par Confucius.

Voici le portrait qu'un grand philosophe du XVIIIe siècle Arai Hakuseki nous fait de son père; celui-ci, un homme du XVIIe siècle, mêlait encore le Bouddhisme au Judo et au Bushido.

Aussi loin, dit Arai, que je me rappelle l'homme qui fut mon père, il avait un règlement de journée dont il ne se départait jamais. Il se levait avant le jour, prenait un bain froid et se coiffait lui-même. Gelait-il, la femme qui fut ma mère lui proposait de faire chauffer de l'eau, mais il refusait pour ne pas causer d'embarras aux serviteurs. Quand il eut plus de soixante-dix ans et que ma mère fut aussi très âgée, il permit les nuits de froid extrême que l'on plaçat une chaufferette dans le lit, et c'était à cause de ma mère. Contre la chaufferette on posait une bouilloire avec de l'eau chaude ; mon père en buvait quand il se levait.

Mon père et ma mère suivaient l'enseignement du Butsu; après leur bain ils ne manquaient jamais de revêtir des vêtements spéciaux et d'adorer les Hotoke. Aux jours anniversaires de la mort de leurs parents ils préparaient leur riz eux-mêmes et sans l'aide des serviteurs. Quand mon père s'éveillait avant le jour il se levait aussitôt et s'habillait, puis il attendait tranquillement l'aurore. Le chemin que devait suivre mon père était au Nord, mais il ne manquait pas de sortir par la porte du Sud et de tourner à l'Est ; à son retour il tournait à l'Ouest

1. *T. A. S. J.* (XX, I).

et rentrait par la porte du Nord. Ses sandales avaient des soques de fer, et il marchait avec des pas sonores. Tous en connaissaient le son, et les enfants qui criaient se taisaient aussitôt. (Ne jamais se rendormir après s'être éveillé, sortir par la porte du Sud et marcher d'un pas sonore sont trois préceptes de la philosophie chinoise[1]).

Comme on entraînait le corps, en entraînait l'âme; toutes les passions, toutes les joies, toutes les douleurs se cachaient sous un sourire, ce fameux sourire japonais qui paraît si mystérieux aux Européens.

D'un homme du peuple qui s'abandonnait à ses sentiments ou à ses passions, on disait :

C'est une grenade; il ne peut pas ouvrir la bouche sans montrer son cœur.

Mais on disait du samurai :

Jamais il ne trahit la joie ou la douleur.

Nous trouvons dans un philosophe :

Sens-tu dans le sol de ton âme frémir les germes de tendres pensées, laisse éclore ces germes dans le calme et le secret. Parler les ferait mourir.

Le même stoïcisme s'imposait aux femmes; l'on cite volontiers l'exemple de cette dame noble qui, voyant massacrer sa fille, composa cet uta :

Les mousses qui croissent au fond du puits abandonné se trahissent parfois et montrent leur feuillage à l'étranger; jamais regard humain ne découvrira ce que sent mon cœur.

1. Les *Mémoires* d'Arai Hakuseki (*Hio-Chu-Ori*), ont été traduits par G.-W. Knox dans *T. A. S. J.* (XXX, II).

* *
*

Après avoir exposé ce qu'on pourrait appeler la morale négative du *shugio*, de la culture de soi, j'en exposerai la morale positive.

Cette page de Kiuso fera bien comprendre comment le Bushido transforma la foi pessimiste du bouddhisme en bon et sain optimisme.

Prenant pour thème le volubilis (*asagao*), que sa vie éphémère a fait appeler « gloire du matin », Kiuso écrit :

Voici des vers de Matsunaga :

Le volubilis ne fleurit qu'une heure et cependant il ne diffère pas dans son cœur du matsu, du pin qui peut vivre mille ans.

A mon avis ces vers ont un sens profond. Nombre de poèmes, dont plusieurs fort anciens, ont été composés sur le volubilis; la plupart font allusion à la brièveté de son existence et l'associent au sentiment mélancolique que nous inspire l'automne. L'on en fait ainsi un emblème de la fragilité des choses de ce monde... Mais n'est-il pas déplaisant et forcé d'identifier la gloire et le déclin, une vie robuste et une mort prématurée? Le vulgaire peut se complaire dans cette pensée, elle n'en est pas moins superficielle. De pareilles idées ne sont que des rabachages de Gautama et ne vont à rien qu'à lécher les crachats de Chwang-Tse. Moi je ne puis attribuer ce sens aux vers de Matsunaga. Non, messieurs, voici le sens que leur attribue « le vieux philosophe ». Celui qui le matin a trouvé la Voie peut mourir heureux le soir. Fleurir le matin, attendre les rayons du soleil, puis mourir, tel est le sort que le volubilis a reçu du ciel. Il existe des pins qui ont vécu mille ans, mais le volubilis qui doit sitôt périr jamais ne s'oublie un moment ou ne se montre envieux d'autrui. Chaque matin les fleurs éclosent, belles jusqu'à l'enchantement, elles épuisent la vertu naturelle qui leur a été concédée, puis elles se dessèchent. Et par là elles montrent leur fidélité à leur devoir. Pourquoi considérer cette fidélité comme vaine et sans profit?

Le pin agit de même que le volubilis mais, comme celui-ci a une vie plus courte, il démontre ce principe d'une manière plus saisissante. Ce n'est pas que le matsu songe à ses mille ans ou l'asagao à sa vie d'un jour. Chacun d'eux fait simplement ce qu'il doit faire... Sans doute la vie du volubilis ne ressemble pas à celle du pin, mais toutes deux sont pareilles en ce sens que l'un et l'autre remplissent jusqu'au bout les desseins du ciel et s'en montrent satisfaits... Matsunaga souhaitait que son cœur fût pareil au leur et c'est pourquoi il a fait ce poème sur le volubilis[1].

Il ne faudrait pas croire non plus que le *shugio* fût toute austérité.

Le philosophe Kaibara Yekken a composé un traité du plaisir (*raku-kun*) :

Si nous nous donnions pour but le plaisir intérieur, si nous n'employions nos yeux et nos oreilles qu'à nous procurer ce plaisir, les organes de nos sens ne deviendraient pas pour nous la cause de désirs coupables. Ouvrons nos cœurs à la beauté du ciel, de la terre et des dix mille choses créées, ils nous procureront des jouissances sans bornes, matin et soir nous aurons devant les yeux ces pleines, ces abondantes délices. L'homme qui prend plaisir à de pareils spectacles devient le véritable propriétaire des montagnes et des rivières, de la lune et des fleurs, il n'a point besoin de faire la cour à personne pour avoir le droit de s'en réjouir... Même avant de passer, les plaisirs vulgaires deviennent un tourment pour le corps... le plus souvent ils corrompent le cœur, ruinent la constitution et conduisent à une fin misérable... Mais les plaisirs que nous procurent l'amour de la lune et des fleurs, la vue des montagnes et des cours d'eau, le bruit du vent et le vol des oiseaux, ces plaisirs sont d'une nature douce. Tout le jour nous pouvons nous en délecter sans nous faire aucun mal...

Les grands et les riches, tout au luxe et à l'indolence, ne les connaissent pas, mais le pauvre, que ne gênent ni l'un ni

1. Comp. les deux trad. angl. de G.-W. Knox et de W.-G. Aston.

l'autre, peut se procurer facilement ces joies pourvu qu'il en ait le désir[1].

VI

Malgré l'importance qu'il attache à la culture de soi le Bushido n'a rien d'une morale égotiste, d'une morale nietzschéenne. Si l'on se cultive soi-même, c'est pour se rendre capable de remplir ses devoirs envers les autres, c'est pour apprendre à s'oublier soi-même. Pour les philosophes japonais l'on ne saurait faire d'un samurai un plus bel éloge que de l'appeler « un homme sans un moi ».

Toute la morale du Bushido repose sur la conception confucianiste des cinq grandes vertus et des cinq grandes relations.

Les cinq vertus (*gojo*) sont : l'humanité (*jin*), la droiture (*gi*), la propriété (*rei*) la sagesse (*chi*), la sincérité (*shin*).

Les cinq relations (*gorin*) sont celles de père et de fils, de maître et de serviteur, d'époux, d'amis et de frères.

Il faut seulement remarquer que pour le samurai la relation de père et de fils, de maître et de serviteur comprenait d'abord et avant tout celle de daimio et de vassal; que les relations d'amis et de frères comprenaient aussi d'abord et avant tout les obligations qui unissaient les membres d'un même clan; enfin que l'organisation toute militaire du *judo* japonais créa entre les chefs des grandes écoles philosophiques et leurs disciples des liens étroits où se confondaient ceux de père et de fils, de maître et de serviteur, d'officier et de soldat, de suzerain et de vassal; de même les disciples se traitaient entre eux comme les membres

1. G. Aston. *Japanese Literature*.

d'une même armée, d'un même clan, d'une même famille.

Tout cela est très bien expliqué dans cette page de Kiuso :

Porter deux sabres ne fait pas le samurai; nuit et jour, le noble doit préserver son nom d'aucune tache. Sortez-vous; sortez comme un homme qui ne doit pas rentrer; ainsi vous serez prêt à tout. Comme le bouddhiste garde les cinq commandements, que le samurai garde les lois de la chevalerie! Elles ne sont ni nombreuses ni difficiles... Avant tout il est trois choses qui ne doivent jamais être perdues de vue : les bénédictions du père, du seigneur et du Sage. Nos parents nous font naître et nous aiment; il n'est pas un de nos cheveux que nous ne leur devions deux fois, s'entend que nous ne devions à leur conception et à leur amour. Le daimio nous donne tout ce que nous possédons; c'est lui qui nous fait vivre; il n'est pas un bâtonnet à manger que nous ne tenions de lui. Quant au Sage, en nous instruisant, il nous rachète de l'état de brute[1].

∴

Les instructions de Mito Mitsukuni font comprendre l'esprit qui présidait aux relations entre suzerain et vassal. Il s'adresse à ses bushi :

Je vous dirai la raison qui m'a déterminé à vous donner mon humble opinion sur les préceptes que nous devrions toujours conserver dans l'esprit; c'est pour que vous et moi progressions en droiture, que nous corrigions nos défauts, que nous n'ayons pas à rougir en comparant notre conduite à celle des suzerains et des vassaux d'autrefois, que nous-mêmes nous méritions d'être cités un jour comme des types de suzerain et de vassaux. Je vous demande de juger le fond de mon cœur, de me donner vos conseils et vos opinions en toute occasion et en toute matière. Autrefois, les princes sages provoquaient les remontrances de leurs vassaux. Comment alors ne le ferai-je

1. *T. A. S. J.* (XX, I).

pas, moi, qui ne dois pas le trône à mes mérites, mais aux vertus accumulées de mes ancêtres? Comment nuit et jour ne me montrerai-je pas anxieux de ne pas contrarier vos désirs, de ne pas violer les principes qui doivent régir la conduite d'un prince? Je vous en supplie donc, ayez la bonté de me dévoiler sans réserve tous les torts de ma conduite privée et de mon administration publique... Peut-être craindrez-vous de m'offenser; peut-être n'oserez-vous renouveler une remontrance parce que j'aurai été assez indigne pour m'offenser d'un jugement un peu sévère porté sur ma conduite. Mais je le jure par mon arc et mes flèches, si jamais pareil sentiment naissait en moi, il ne saurait durer: c'est mon véritable désir que maintenant je vous exprime[1]...

A ces belles pages j'ajouterai cette anecdote rapportée d'un prince d'Echizen :

Au retour d'une chasse heureuse, le prince dit à son karo : « Tu me vois de belle humeur, chacun fit de son mieux. » « Sans doute, reprit le karo, tous savaient qu'une distraction leur coûterait la vie. De bons soldats, en vérité, qui marcheraient au combat la haine du chef au cœur. »

Le karo tend alors son poignard au seigneur. « Tue-moi pour ma franchise », mais l'autre s'éloigne en détournant la tête. Rentré chez lui, le noble appelle sa femme et ses enfants, leur recommande de ne point haïr leur maître, puis il prépare sa chambre pour le harakiri. Pendant la nuit, on le fait mander; il suit les envoyés du prince, convaincu que sa dernière heure est arrivée. Le maître le reçoit au lit : « Karo, dit-il, vos paroles m'empêchent de dormir; votre courage me remplit d'admiration. Recevez ce sabre en témoignage de ma reconnaissance. »

1. *Hio-Chu-Ori. T. A. S. J.* (XXX, II).

Mais si le daimio était indigne, que devait faire le samurai?

Les Chinois distinguent entre le souverain et le tyran; le premier est bon, on doit lui obéir; le second est méchant, on peut lui résister.

Les Japonais n'admettent pas cette distinction, et le Bushido dit :

Quand même le suzerain cesserait de se comporter en suzerain, le vassal n'en resterait pas moins vassal.

∴

Comme il devait obéissance à son maître, le bushi devait obéissance à son père. Les deux devoirs pouvaient se trouver en conflit. Au moyen âge, le droit du suzerain l'emportait; au XVIIe siècle, l'obligation était moins rigoureuse.

Mito Mitsukuni s'exprime en ces termes :

Si quelqu'un de vos parents ou de vos amis intimes se rend coupable, je ne vous conseille pas de le dénoncer; cependant celui-là sera puni qui donne asile à un criminel dont le crime est prouvé, et en cas de haute trahison, vous êtes obligé de livrer le coupable. Au cas cependant où le criminel serait votre père, je ne vous enjoins pas de le trahir; agir ainsi serait manquer à la justice (*giri*). La piété filiale et la loyauté envers le suzerain sont d'égales vertus; aussi vous appartient-il de décider en pareil cas; je laisse la solution d'un tel problème à votre conscience[1].

Comme le suzerain, le père avait droit de vie et de mort sur son fils.

Mais le passage suivant des mémoires d'Arai Hakuseki

1. *T. A. S. J.* (XXVI).

fait bien comprendre sur quel pied étaient les relations entre le père et les enfants.

Le père d'Arai est un samurai sans fortune, un riche marchand propose de marier sa fille unique à Hakuseki et d'adopter son gendre, qui hériterait de toute la fortune. Le père répond que son fils n'est plus un enfant et que c'est à lui de décider. Hakuseki, laissé libre, refuse, puis il va trouver son père et lui dit :

> Je sais que vous souffrez d'être si pauvre et de nous voir si pauvres, mais je suis né votre fils et je ne serai jamais le fils d'un autre. Je n'ai rien, personne ne veut m'employer, je n'abandonnerai pas la voie des samurai, que mon père et mon grand-père ont suivie avant moi ; je ne deviendrai pas un marchand.
>
> Mon père, écrit-il, fut grandement satisfait de ces paroles et répondit : « Il y a beaucoup d'hommes et chacun pense à sa manière. Aussi ne convenait-il pas que je décidasse pour vous. Se sacrifier pour nourrir le corps de son père est certes un acte de piété filiale, mais, en agissant comme vous l'avez fait, vous m'avez nourri le cœur, et c'est plus grande piété. Quand j'ai quitté ma charge, j'ai su que je me condamnais à la misère ; vous n'avez donc pas à vous préoccuper de mon sort[1]. »

Pour faire l'exposé complet des devoirs filiaux, il faudrait encore citer la *vendetta*, mais j'ai déjà touché ce point en traitant du régime féodal, puis au lieu d'insister sur certaines obligations sanguinaires du Bushido dont il n'a été que trop parlé, je préfère montrer la beauté de ses conceptions morales qu'aucun Européen n'a jusqu'ici étudiées.

∴

Après les devoirs envers le père, venaient les devoirs envers l'épouse que j'omettrai ici ; parler de la femme

1. *T. A. S. J.* (Ib.).

serait sortir de mon sujet; je dirai cependant qu'un caractère tout particulier du Bushido est la chasteté. Puisqu'on a tant insisté sur l'esprit graveleux des romans et des gravures de l'école populaire, il est bon de savoir que le vrai bushi avait les mœurs d'un moine. Péchait-il, du moins il cachait son péché comme une honte.

Sur les devoirs envers les frères, les amis, les membres du clan, je ne veux pas non plus insister. Chez tous les peuples militaires, l'on pourrait retrouver des exemples de camaraderie, de solidarité, analogues à ceux que nous montre le Bushido.

Je ferai pourtant remarquer que le sentiment d'une solidarité fraternelle s'étendait dans une certaine mesure à tous les samurai, même à ceux d'un clan ennemi, comme le prouve le trait suivant.

Arai Hakuseki raconte que son aïeul fut chargé de garder trois samurai accusés de meurtre. Il leur rendit leurs sabres, puis, enveloppant le sien dans un morceau d'étoffe, il le mit de côté : « Maintenant, leur dit-il, si vous vous échappez, coupez-moi la tête. Seul et désarmé, je ne puis lutter contre trois hommes armés. » Mais les prisonniers ne tentèrent pas de s'enfuir; la honte d'être mis sous la garde d'un seul homme les aurait contraints à le faire; la noblesse d'âme de leur gardien leur commandait de se soumettre.

⁂

J'exposerai au contraire les préceptes humanitaires du Bushido.

A tous les hommes, le noble devait justice et bienveillance. Un proverbe appelle le samurai la sauvage fleur de cerisier de la race humaine. Un autre dit de l'épée qu'elle est l'âme du samurai. De cette épée, malheur à qui fait mauvais usage. Et le cœur est comme l'épée : pour garde, il aura la sagesse, pour tranchant la droiture ; mais le cœur même du samurai sera bienveillance. Le noble japonais fait serment devant le Ciel de défendre le faible et l'opprimé, de ne jamais abuser de sa force, de ne pas connaître le mensonge.

Un philosophe du XVIIIe siècle s'exprime ainsi :

> Le cœur du Ciel et de la Terre devient le cœur de l'homme. Le cœur du Ciel est de produire toutes choses et, comme c'est le cœur du Ciel qui devient le cœur de l'homme, la vertu du cœur humain sera d'aimer ses semblables.

Dans un sens plus panthéistique, Ohashi Junzo (1862), écrit :

> Les ignorants croient le ciel et l'homme distincts, mais c'est méconnaître la raison et la voie, c'est par égoïsme et fausse sagesse se rendre semblable aux brutes. Le ciel semble distant, étranger : cependant le ciel est la loi vivante, qui ne peut se tromper et que nul ne peut tromper. Il n'y a qu'une manière de l'adorer : se montrer bienveillant, rendre son cœur parfait par l'obéissance, la loyauté, la vérité.

∴

La forme ordinaire de la bienveillance est la politesse ; aucun peuple n'a poussé plus loin que les Japonais l'art des formules élogieuses et du style fleuri.

Noble, soldat, disciple de Confucius, qui ne sépare pas les rites de la morale, le samurai ne faisait pas un geste, ne disait pas une parole, n'accomplissait pas un acte de sa vie publique ou privée sans consulter le code de l'étiquette.

Les manières de la cour se répandirent dans le peuple. Avec ses inversions et ses longues phrases, la langue japonaise se prête aux compliments comme au style fleuri. Le paysan, le cooly ne savent pas jurer; ils s'abordent avec courtoisie, se ravalant eux-mêmes pour exalter leur interlocuteur, sa famille et tout ce qu'il possède. Mais les samurai parlaient une langue si gentille et si solennelle qu'à peine le peuple pouvait l'entendre.

Un vassal exilé doit se faire chiffonnier. A tous, chiffonniers et mendiants il donne de l'Excellence et du Monseigneur, les plus pauvres vieilles sont pour lui de grandes dames et des fleurs de beauté, si bien que les ménagères restent ébahies sur le seuil de leur porte et que les enfants le suivent en riant.

⁂

De ces idées d'humanité, de bienveillance et de politesse le Bushido voulut faire un système de gouvernement. Depuis l'avènement des Tokugawa le rôle principal des samurai n'était-il pas de régir l'Etat et de l'administrer?

Voici deux beaux exemples de Bushido tirés de la vie d'Ieyasu. En 1586, il reçut de Hideyoski l'ordre de venir à Kioto. « Restez », lui dirent ses amis craignant un crime. « Que Hideyoski vous fasse la guerre, votre armée est la plus forte et vous le battrez. » « Non, non, reprit Ieyasu, l'empire épuisé a besoin de la paix. Que je périsse plutôt que de voir rallumer la guerre civile ».

Quand il devint shogun, ses conseillers lui rappelaient les richesses du Taiko, les palais de Fushimi, le grand Bouddha de Kioto. « Soit, reprit un jour Tokugawa, qu'on se rappelle le Taiko pour son Grand Bouddha! Moi, que m'importe la gloire de mon nom? Je veux le bien de l'Empire ».

Et voici d'autre part les instructions officielles du *Jikata Hanrei Roku*, le code administratif des Tokugawa :

Que le daikan et les officiers ne se montrent ni sévères, ni dictatoriaux, ou le peuple deviendra irritable et opiniâtre. Qu'ils ne soient pas non plus trop familiers, trop faciles; le peuple perdrait tout respect pour ses supérieurs.

Assurément, dans les derniers temps surtout, le Bakufu commit bien des erreurs, mais ces erreurs provenaient de la position fausse où s'était placé le Japon en s'isolant du monde. Le gouvernement du Meiji devait prouver que les hommes d'Etat, appartenant à la classe des samurai, n'avaient pas oublié les maximes du Bushido.

∴

Avec ces préceptes, le Bushido comprenait nombre de scrupules et de préjugés nobiliaires :

Heureux et contents, dit Kiuso, les samurai d'autrefois ignoraient jusqu'au mot de commerce. J'ai connu le temps où jamais un jeune homme n'eût osé mentionner le prix d'un objet. Le père d'un de mes amis le fit venir un jour et lui dit : « Il existe une chose qu'on nomme le commerce. Faites en sorte que vous ne sachiez rien de cette chose-là. Si vous passez marché, ayez soin que le mauvais marché soit pour vous. Car ce jeu-là, au contraire des autres, est un jeu de qui perd gagne, et quiconque y gagne y perd la paix de sa conscience ».

Un autre de mes amis s'exprimait ainsi : « Ne dites jamais d'un homme qu'il est économe. Économe de son argent, économe de sa vie. L'économie est une autre forme de la lâcheté ».

VII

Le Bushido fut d'abord la morale des samurai, le théâtre et le roman le répandirent dans le peuple. Les Japonais, qui en peinture admettent la théorie de l'art pour l'art, la condamnent formellement en littérature. Depuis des siècles, drames et récits populaires sont dédaignés par les hautes classes, cependant ils mettent toujours en scène des daimio et des samurai; l'on n'y voit que vassaux se sacrifiant pour leur chef, que demoiselles nobles offrant leur vie pour venger leur père ou sauver leur honneur.

La *Ligue Loyale*, un drame écrit sur l'histoire des quarante-sept Ronin, contient une scène caractéristique.

Gihei, un aubergiste d'Osaka, livre sa maison à Yuranoske, pour en faire un dépôt d'armes et le lieu de réunion des Ronin. Ceux-ci veulent éprouver le chonin, le bourgeois qui, d'après eux, ne doit rien comprendre à l'honneur des nobles et des soldats. Des hommes masqués pénètrent dans la maison de Gihei et le font prisonnier; ils le menacent de tuer son fils s'il ne dévoile les projets des Ronin. Mais le père arrache l'enfant aux bandits; pour s'assurer contre un moment de faiblesse, lui-même l'étranglera. Aussitôt les inconnus se démasquent, ce sont les Ronin. Tous se jettent aux pieds de Gihei, et Yuranoske dit :

Mes camarades doutaient d'un chonin. Mais les hommes de cœur se font rares aujourd'hui. C'est parmi les chonin qu'il nous faut les chercher. Les préjugés de mes amis mettaient des écailles devant leurs yeux; votre courage, pareil aux spécifiques des plus fameux médecins, fait tomber ces écailles;

votre gloire ! rille à leurs regards autant que la fleur du lotus dans le marais, que le grain d'or dans le sable du rivage.

Mais ce n'est pas par une scène de roman que je veux montrer la diffusion du Bushido dans le peuple japonais, c'est en disant la vie de deux hommes du peuple qui mériteraient d'être appelés de grands bushi; l'un et l'autre vivaient au XVIIe siècle.

Le premier, un simple paysan, est ce Sogoro, maire de Sakura, à qui depuis le Meiji, les paysans du Shimosa ont élevé un monument. Pour sauver les habitants de son district écrasés par les exactions du daimio, il se rendit à Yedo et réussit à remettre une pétition entre les mains mêmes du shogun. Les taxes furent levées, mais Sogoro condamné par le conseil du clan, périt dans les supplices avec toute sa famille.

L'autre de ces chevaliers du peuple est Chobei, qui, au XVIIe siècle, fut le chef des Otokodate de Yedo. Fondée dans le but de fournir des porteurs pour les voyages des daimio, cette confrérie devint une véritable ligue des faibles contre les riches et les puissants; et c'est pourquoi ses exploits tiennent une si grande place dans la légende populaire.

Surpris dans une auberge par le grand noble Jiuro-zayemon, Chobei se permet de lui offrir un présent. L'autre, pour le couvrir de ridicule, ne veut rien accepter qu'un plat de macaroni. Aussitôt, Chobei fait passer un mot d'ordre aux Hotokodate; en moins d'une heure, ils ont élevé devant la porte un mur de macaroni, le présent de Chobei est un présent de prince.

A qui les donne, de pareilles leçons coûtent cher. Le lendemain, Chobei vient déjeuner au palais du noble qui veut rendre politesse pour politesse.

Les bravi se jettent sur lui et cherchent à le frapper de leurs sabres. Chobei dédaigne de tirer le sien ; à coups de poing, il envoie rouler les samurai, contre les murailles de la cour, s'introduit dans la maison, tire l'écran qui ferme l'appartement du maître.

— Monseigneur m'excusera de me présenter moi-même. Les gens de Votre Altesse ont oublié de le faire.

— Vous voulez dire qu'ils se sont permis de vous chercher querelle. Une plaisanterie ! Si nombreux, leur avais-je dit, que mes soldats se réunissent contre Chobei, il saura se défaire d'eux. Bientôt, nous nous mettrons à table. Mais, pour vous reposer de cette lutte, ne souhaiteriez-vous prendre un bain ?

Qui pouvait prétendre que Chobei fut un sage ? Seul, dans la maison de son ennemi, le voilà qui se défait de ses armes, enlève ses vêtements, s'accroupit dans la baignoire, Déjà l'eau s'échauffe et bout. Chobei s'élance du bain à moitié brûlé : dix lances tenues par des mains invisibles percent les écrans, lui traversent le dos et la poitrine. Il en a brisé trois ; étouffé par la vapeur, épuisé par ses blessures, il glisse, tombe, expire sous les coups.

Les samurai rient du bon tour : « Le renard s'est laissé prendre comme une poule. » Mais l'on frappe à la porte, les Hotokodate demandent leur chef.

— Votre chef est gris et ne peut sortir.

— Notre chef est mort : nous apportons sa bière.

La surprise met fin aux rires des samurai. Chobei savait qu'il allait à la mort et fut pourtant fidèle au rendez-vous. Nul ne pourra dire que Chobei ait connu la peur.

VIII

J'ai fini l'exposé des doctrines du Bushido. Il me reste à montrer comment elles se modifièrent au XIXe siècle et quelle forme elles ont reçue aujourd'hui.

La paix complète dont le Japon jouit pendant deux cents ans sous le gouvernement des Tokugawa semblait devoir énerver les courages, et de fait il n'était pas rare de voir de jeunes daimio, des samurai adolescents portés dans des litières et vêtus comme des femmes. Mais, dans son ensemble, la caste militaire sut résister à cette épreuve.

Au XIXe siècle, le Bushido se fortifia, au contraire, sous des influences diverses. Ce fut d'abord celle des *Kangakusha*, les érudits, les philosophes inspirés de la Chine, principalement ceux du clan de Mito; ces philosophes soutenaient que le véritable patriarche au sens confucianiste du mot, le veritable suzerain était l'empereur et non le shogun ou les daimio : ceux-ci étaient les tyrans que Moshi permet de combattre et de frapper.

C'étaient ensuite les *Wagakusha*, les amoureux du passé japonais, les ennemis des idées chinoises; ils enseignaient que l'empereur, descendant d'Amaterasu, devait être honoré comme un dieu; ils voyaient dans le Bushido l'épanouissement du *Yamato Damashii* des sentiments naturels à la race japonaise et disaient avec leur grand chef Motoori :

> Iles bienheureuses du Japon, l'étranger voudrait connaître votre Yamato Damashii. Regardez, le matin se lève radieux, l'air est embaumé par la sauvage fleur du prunier sauvage.

C'étaient encore les savants qui, apportant à l'étude un véritable cœur de bushi, voulaient s'initier aux sciences européennes et risquaient la peine de mort pour lire une grammaire hollandaise ou un traité d'anatomie.

C'étaient enfin tous ceux qui préparaient la Révolution et la Restauration, mêlant dans la conception qu'ils se faisaient du Bushido la haine de la féodalité que leur inspiraient les idées démocratiques des Chinois, la passion de l'empereur, leur père, dépossédé par le tyran, et ce patriotisme exalté que ravivaient sans cesse les conquêtes des Européens dans l'extrême Asie.

Aussi, quand les doctrines des penseurs eurent produit leurs fruits, quand, après des luttes et des révoltes sanglantes, le gouvernement du Meiji eut mis le Japon au rang des grands États, quand des guerres heureuses eurent fait de tous les Japonais des soldats, quelle ne fut pas l'influence du Bushido! On peut dire que, depuis cinquante ans, il a représenté, seul, toute la vie morale du Japon.

Le Bushido actuel comprend d'abord toutes les idées patriotiques qui ont produit la Révolution, mis fin à la féodalité, amené les réformes et les guerres, donné au Japon, avec l'unité intérieure, la puissance extérieure. Ces grands résultats ne furent possibles qu'à force de sacrifices, et je ne parle pas seulement des soldats sacrifiant leur santé ou leur vie sur les champs de bataille, mais du shogun sacrifiant le pouvoir, des daimio sacrifiant leurs privilèges, leur fortune, tout ce qui leur était cher sur l'autel de la patrie.

Voici en quels termes le shogun remit sa démission à l'empereur en 1867 :

Bien que, depuis la fin du moyen âge, la classe militaire

ait constamment exercé la puissance, l'arrivée des étrangers a montré notre faiblesse et plongé l'empire dans des troubles sans fin. Partout, nous voyons la guerre civile, l'est et l'ouest se combattent, et les étrangers nous méprisent. Je considère que ces maux ont pour cause principale la dualité des pouvoirs. Le cours des âges nous a conduits à une révolution inévitable; l'ancien ordre des choses ne saurait durer. Déposer le pouvoir entre les mains de l'empereur, voilà le seul moyen de donner au gouvernement une base solide qui permette au pays de se développer progressivement et de devenir l'égal des autres pays : tel est aussi le plus ardent désir de Yodo.

A ce dévouement comparons celui des soldats. Pendant la guerre contre la Chine un officier dut conduire sa compagnie à l'assaut de Port-Arthur; demi-mort de dysenterie, il court au feu, mais bientôt les forces lui manquent, il perd connaissance. On le porte à l'hôpital; dès qu'il se sent moins faible, il s'en échappe une nuit et se suicide à l'endroit où il est tombé; l'on trouve ce billet sur son corps : « C'est ici que la maladie m'a contraint à m'arrêter et à laisser mes hommes aller au feu sans moi. Cette honte, aucun acte de ma vie ne saurait la laver; la mort seule peut me rendre l'honneur. Que ces quelques lignes fassent comprendre ma résolution! »

Je citerai maintenant cette lettre d'un simple brigadier blessé dans la guerre actuelle :

C'est le 24 mai, écrit Seijiro Toriyama, que nous débarquâmes dans la péninsule de Liao Tung, et c'est le 30 que je fus blessé. Je n'ai qu'un regret : être tombé si tôt alors que j'avais fait si peu pour mon pays. Je ne voudrais donc rien dire de ce qui m'est arrivé; si je guéris, j'en parlerai dans l'avenir quand j'aurai encore combattu et que j'aurai contribué à la victoire.

Mais puisque vous insistez, je vous raconterai cependant comment je fus blessé. Le 29 mai, pendant que nous marchions sur Pu-lang-tien, la présence des Russes fut signalée, le lendemain nous prîmes contact. Nous nous approchâmes si près d'eux que nous en vînmes de suite au corps-à-corps. Cinq minutes après un autre détachement de cavalerie russe, avec un étendard de régiment, nous attaqua de flanc. Nous nous trouvions cernés par des forces cinq ou six fois supérieures aux nôtres. Nous prîmes de suite notre parti : nous faire tous tuer après avoir mis bas le plus d'ennemis que nous pourrions. Nous nous servions de nos sabres, eux se servaient de leurs lances... Les Russes qui se trouvaient devant nous cédaient mais ceux qui se trouvaient derrière nous gagnaient du terrain. Aussi devais-je combattre, le dos collé au dos d'un camarade. Tout à coup son cheval fit un bond qui effraya le mien ; au même moment je vis que j'avais coupé un Russe en deux. Puis je vis le capitaine de notre compagnie se débattre furieusement au milieu des Russes. Je galopai à son secours et je frappai de droite et de gauche sur des Russes dont les lances me blessèrent, mais pas grièvement. Enfin épuisé, énervé, les yeux troubles, je résolus de faire harakiri mais pas avant d'avoir tué encore un Russe. A ce moment mon cheval fut touché, je tombai sans connaissance. Le bruit d'une bombe qui éclatait me rendit mes sens ; voyant que j'avais encore mon sabre, je me levai. A côté de moi se trouvait un cosaque qui revenait aussi à lui, éveillé par la même bombe. Je lui donnai un coup de pied et je le fendis en deux d'un coup de sabre avant qu'il ne pût m'atteindre de sa lance. Aussitôt vingt Russes de se jeter sur moi. Je combattis quelques minutes. Soudain je sentis un frisson glacial me courir le long du cou et du dos. Après cela je ne sentis plus rien [1]. . . . .

Et le Bushido professe aussi un dévouement passionné à l'empereur, d'abord parce que la restauration du gouvernement impérial a seul permis la réalisation du rêve patriotique, ensuite parce que la philosophie chinoise et shinto a donné aux Japonais l'amour enthousiaste du gouvernement impérial comme les philosophes du

1. Cité dans *Russo-Japonese War* de Tokio (V).

XVIIIe siècle avaient donné aux Français l'amour enthousiaste de la république.

Dans ces dernières années, plusieurs shizoku se suicidèrent en laissant une lettre où ils se permettaient très respectueusement d'attirer l'attention du Tenno sur les dangers que faisaient courir au Japon les visées ambitieuses de la Russie. Quand le Césarewitch, aujourd'hui le tsar Nicolas II, manqua d'être assassiné au Japon par un officier de police, une toute jeune fille se rendit de Tokio à Kioto et s'y donna la mort pour laver dans son sang la honte que cet attentat avait fait rejaillir sur sa patrie et montrer au tenno combien elle avait souffert du déplaisir que cette honte lui avait causé. Lafcadio Hearn raconte qu'ayant donné pour thème de composition à ses élèves : « Vous exprimerez votre plus cher désir; » il reçut de tous la même réponse : « Mourir pour notre empereur. »

Enfin, malgré ses tendances rationalistes, le Bushido est de fait resté une religion. On y retrouve encore les traces du vieux culte de Hachiman mais, avec le temps, le culte guerrier s'est annobli, purifié : le soldat a le sentiment qu'il accomplit un sacerdoce et que la guerre est le plus sublime des sacrifices. Comme au-dessus de Kamakura, la capitale du Japon féodal, s'élevait le temple de Hachiman, au-dessus du Tokio moderne, la ville des usines, des grandes maisons de commerce, des ministères et des administrations européennes, c'est le Shokonsha qui se dresse, le temple des soldats morts pour la patrie. Avant de se rendre à la guerre, les régiments y viennent en pèlerinage, chaque soldat sait que s'il tombe en combattant, il deviendra, lui aussi, l'un des esprits protecteurs du Shokonsha, l'un des dieux du Nippon.

IX

Depuis cinquante ans, le Japon a vécu dans une fièvre de loyalisme et de patriotisme. Mais aucun pays ne peut vivre toujours dans la fièvre. Le moment est proche où le Japon, entrant dans une période de paix intérieure et extérieure, aura pour principal devoir de développer son commerce et son industrie, de travailler au bien-être des classes inférieures, d'assurer l'émigration d'une partie de sa population trop dense, d'organiser les territoires conquis, d'assurer le bon fonctionnement de son régime politique. Et certes là encore le Bushido lui sera utile, on doit souhaiter que l'esprit des anciens bushi inspire hommes politiques, gouverneurs, colons, industriels, marchands, ouvriers : si patrons et ouvriers ont l'idée qu'ils travaillent à la gloire et à la force de la patrie les sacrifices leur seront plus faciles et bien des conflits seront évités.

Mais il faut bien le dire, ce qui constituait le fond même du Bushido, l'esprit chevaleresque et militaire ne pourra se maintenir tel qu'il est. Des circonstances particulières, révolutions et guerres extérieures ont fait que la suppression du gouvernement militaire a décuplé la force du Bushido; loin de haïr l'esprit des anciens bushi le peuple tout entier a cherché à s'assimiler cet esprit. Mais l'établissement d'un régime pacifique produira l'effet contraire, et, comme pour un temps le peuple tout entier s'est fait bushi, un jour les bushi eux-mêmes devront prendre en quelque sorte une mentalité populaire. Une pareille transformation est nécessaire pour qu'après avoir triomphé dans la guerre le Japon triomphe dans la paix.

D'autres principes de morale dirigeront alors le Japon. Sans doute le bouddhisme, le confucianisme, le shinto l'inspireront longtemps encore comme aussi le Bushido; le culte de la famille lui sera d'un grand secours, mais il est probable que ces sentiments se modifieront pour faire à l'individualisme la place que semble lui assurer l'état présent de la civilisation. D'ailleurs, mis en relations avec le monde entier, le Japon devra se dégager de sa morale restée toute japonaise pour adopter une morale d'un caractère plus humain, où l'influence de l'Europe aura sans doute une part plus considérable que celle de l'Asie.

Le problème de l'avenir moral du Japon n'est donc pas résolu mais la vigueur de la race est là pour prouver que ce problème sera résolu, encore que nous ne puissions en prévoir la solution.

PARIS. — L. MARETHEUX, IMPRIMEUR, 1, RUE CASSETTE. — 9966.

www.ingramcontent.com/pod-product-compliance
Lightning Source LLC
LaVergne TN
LVHW020248230826
846091LV00006B/2297

* 9 7 8 2 0 1 2 8 9 3 6 3 4 *